驚人的成功信念

The Kingship of Self-Control

威廉・喬丹◎著　　李毓昭◎譯

晨星出版

驚人的成功信念—推薦序

文／拳擊手陳嘉玲

全心投入，義無反顧

不知從何開始對自己的人生有著希望，那應該是接觸了運動之後……

正式踏上運動員的生活中，我學會了堅持，學會了執著，學會過自己想要的生活，更重要的是，我選擇了成爲一個不平凡的人，而我也熱衷於我的選擇。

從一個平凡的鄉下孩子，轉眼一躍，成爲站在世界擂台上的拳擊手，懸殊極大的身分，所承受的壓力亦不同。我相信，越早接觸一項運動，越能有機會向上發展，決心——讓我克服了這項束縛。從高三才進入拳擊的領域，在短短不到一個月的練習，只學會了左右直拳，以這兩種基本技術拿下了台灣女子拳擊示範賽的冠軍——這是我第一次的初體驗。或許這讓人感覺到容易，但在背後付出的汗水誰能知道？**除了認眞練習與全力以赴之外，專注與渴望是我嚮往成功的動力**。想從學習得到更多，因爲警覺自己比別人晚接觸拳擊，不認輸的個性讓我更珍惜每一刻的練習。

生命中的貴人（天助、自助、人助）

學習一項技能並非自己努力就足夠了。

幸運的我遇到了一個願意花時間與精神栽培我的教練——張子彬，雖然他不是一位全職的教練；更不是有名的教練，卻教出了無數的優秀拳擊選手。如果要問我什麼樣的環境可以造就一個優秀的拳擊手呢？我只能回答你：『客廳』。這就是我跟拳擊建立關係的地點。這是個微妙的關係，也是個不起眼的地方，但影響我未來發展的重要關鍵就是這兩個看似平淡卻暗藏玄機的因素。

一位亦師亦友的教練，願意無任何代價的花費時間來培養女性拳擊手。在當時，台灣的女性拳擊手可算是『稀有動物』，而我卻是教練第一位培養的女性拳擊手。當我成爲代表隊的選手後，教練曾說過：「如果我是一張白紙來學拳擊，相信我現在的技術不會只有這樣。」當時第一次接觸拳擊的我，是一個學過許多技擊運動的選手，身上擁有著許多慣有的技能，而這些技能卻變成抑制我在拳擊技術上發展的一個因素。直到後來，我才理解教練所說的話，因爲我有著許多技術上的習慣無法改善，最後只能靠教練的用心與自己後天的努力來彌補。

客廳，是個讓我又愛又恨的地方。在客廳裡可以學到我想要的東西，但卻也讓我精疲力盡。說我是個出自『客廳』的選手，應該有許多人會捧腹大笑！但我只能嚴肅的說：「我確實是在客廳接受所有的訓練。」從基礎動作、技術、重量、沙袋、手靶，甚至是對戰，我都在這個客廳裡執行。雖然沒有完善與高科技的訓練儀器，但卻有個熱心教學的教練，與一個用心學習的拳擊手，我想有這兩顆心就足夠了，而再好的環境也都只是附屬品。

自己雖然不是個優秀的拳擊手，但是我敢肯定自己是個用心付出的拳擊手。缺少像天才一樣的資質，卻擁有像傻瓜一樣的堅持，堅持做自己或許就是我今日成就的起點。並沒有順著父母的意，去學得一項職業技能，未來的生活可以不必憂愁；卻選擇了一條更艱辛的路去走，我想傻瓜的思想可能太過單純，就因爲只想要做自己，也讓自己走的路更顛簸；但在那崎嶇不平的旅途中，我看見自己，也看見夢想。

單純的心，助你找到成功信念

曾經接近過自己的夢想『世界第一』，但我卻總是從夢想的頂端跌落下來，每次失敗都讓自己傷得不輕，也因爲好勝讓自己從谷底又再度爬上來，繼續去追求未完成的夢。二〇〇八年的世界賽我再次接近夢想，已進入八強的我感到緊張又疲憊，最後敗給了中國選手，我的心跟往常一樣的平靜，不像其他選手可以用眼淚來宣洩自己的情感。以前，我常以失望或難過將自己的失敗埋進心裡，逃避它；現在，我選擇用沉靜來整理凌亂的思緒，這個比賽反而讓我學到更多，**難過只讓自己更痛苦；自責是讓自己的壓力更大；轉而取代的是冷靜的思考與分析**，這兩點是讓我自己成長的要素，思考自己的優點與缺失，分析未來需保持與改進的方向，這才是我自己所需要的。

我想，面對許多事情都應該跟運動的過程是一樣的，除了環境的影響，最重要的是自己的心，**一個人的心會改變自己對事情的思維。當你遇到挑戰或挫折時，你**

越容易失去原本的自己，仔細想想自己最單純的心，與最明確的目標，或許你會找到自己想要的路。

而你已經準備好閱讀這本書了，相信你可以找到更原始的自己，也找尋到邁向成功的信念。

拳擊手陳嘉玲

・自二〇〇二年起熱愛拳擊，臺北市立體育學院運動教育研究所畢。
・勇奪二〇〇五年亞洲女子拳擊錦標賽冠軍。
・二〇〇六、二〇〇八年連續兩屆代表台灣參加世界女子拳擊錦標賽。
・個人網誌：http://www.wretch.cc/mypage/kenny0088

目 次

CONTENTS

Part.I

信念 1

簡單思考
光是這樣就能讓你變得更堅強。

把事情搞砸了，又有什麼關係呢？放自己一馬吧。

——比利·喬

凡事簡單思考就好

你是否對小事太過於執著呢？

如果你老是在意小事，那就表示你對現在的自己並不滿意。太拘泥於小事，而不斷與人爭執，就會喪失快樂。

人生最重要的是簡單思考。

這也就是說，要排除對你不必要的東西，只留下必要的部分，然後在那上面持續不斷地發揮最大的力量。

集中精神，避免浪費，你就能靜下心來，確定：「小事情根本就無所謂。」不用再爲小事與人爭吵，或是覺得不甘心，也不用爲別人的眼光而活。

些許的憂慮、悲傷或過錯，都可以視爲「芝麻蒜皮的小事」而置之度外。你的內在有一股巨大的力量，能夠將這些小煩惱驅逐出境，自私、狡詐、欺騙、消沉都無法在你心裡紮根長成大樹。

照著內心過生活，就是所謂的「簡單生活」。

而簡單生活的第一步，就是消除浪費。

想要洗心革面，在精神上有所成長，無論如何都必須放棄或犧牲某方面。凡是會阻礙成長的習慣或態度，都要斷然而徹底地排除；飲食習慣也要趨於簡單。心態改變了之後，自然就不會做出違背道德的行爲。

快樂的祕訣就是保持簡單。簡單的生活方式、簡單的態度、簡單的要求、簡單的話語、簡單的信念……一切都會直接反映出你美好的心。

最大的敵人是自己

人生沒有地圖可以依循；世間總是會發生不公平的事情。挑戰就是去面對這樣的情況。

——伊麗莎白・葛拉瑟

人有兩個創造者，一個是神，一個是自己。

神是人的第一個創造者，賜給人身體和意識，有了意識，我們就能照著自己的意思去開拓人生。人的第二個創造者，就是我們自己，我們身上具有連自己也甚少察覺的驚異能力，關鍵在於我們是否能夠去運用這股潛能。

我們在生命的路途中，遇到挫折總會辯解說：「我畢竟只是神創造出來的。」而成功時，卻會洋洋得意地宣稱：「這條路是我靠自己的能力開拓出來的。」

事實上，當我們誕生在這個世界時，並不是一個完成品，而是一個充滿任何可能性的人。

我們最大的敵人就是自己，因為**人在脆弱時會變成環境的犧牲品，堅強時則會成為環境的創造者**。所以，我們究竟會成為犧牲品還是創造者，都要由自己來決定。

一個人的偉大與否並不能依現況來判定，而是要看其潛藏的可能性。如果我們知道自己所具備的可能性，當然就有達成的特權。我們必須認知這一點，不然的話，活著就只是在無謂地增長年歲而已。

因此我們要意識到，與其覺得「我是脆弱的人」，不如堅定地認為**「我的身上蘊含著奇異的可能性，是個偉大的人」**。

只要抱持這種積極的人生觀，我們就能透過控制自我的心，學會建立自己的尊嚴。

征服世界不如征服自己

獲得幸福的祕訣，不在於從事什麼工作，而是在於樂在工作。

——無名氏

自制的心是人類有別於低等動物的重要特質。人是唯一能夠征服自己的動物。從歷史的角度來看，人不僅征服了林林總總的事情，對於許多未知的現象，也都能夠懷著畏懼的心去理解，再逐一克服。

舉例來說，人對閃電一直都懷有恐懼感，但自從知道那是電的作用之後，就征服了那股力量，進而加以利用，發明各式各樣的電器用品。這就是人類從害怕閃電到征服這種巨大力量的證明。

在所有的征服行爲中，最大的征服對象是自己。

人在每一個瞬間中，不是國王就是奴隸。如果我們屈服於自己的弱點，對各種狀況、環境或失敗都無計可施，以至於節節敗退時，我們就是奴隸。亞歷山大大帝雖然征服了世界，卻征服不了自己。他雖然是世界的霸主，卻也是自己欲望的奴隸。

只要能擊退自己的弱點，不重蹈過去的錯誤和愚昧，重新建構新的自我，我們就是國王，就是能夠靠著智慧統馭自己的國王。

不要只是羨慕

總會有人比你幸運、漂亮、聰明、富有。比較有什麼意義呢？人生而平等，天生注定要用不同的方式付出。

——索爾・戈登

我們常常會用羨慕的眼光去看某一樣東西，心裡想著：「如果那是我的就好了。」這時我們並不會想要努力去擁有那樣東西，只是單純希望將他人的光環和滿足佔爲己有。

我們經常會因爲沒有受到幸運女神的眷顧而忿忿不平。在絕望與失去信心時，我們也常常把自己的遭遇當成命中注定，而停止努力。

我們嫉妒他人的成功，卻不知道應該去學習或模仿他人的成功模式。看到世界舉重冠軍尤金・山多魁梧健壯的身體，我們不會相信他在幼年時曾經虛弱得差點夭折。

又例如耶穌的使徒保羅具有強韌的精神力量，我們在欣羨的同時，可能也忘了他曾經是個意志薄弱的青年。他是因爲能夠克制自己的心，才能夠達到一百八十度的轉變。

不論是在精神上、身體上還是金錢上，這世上有許許多多的成功者是從條件遠比我們的出發點差的地方起步的。

Part.Π

信念 2

請自律
這樣子你才能成為自己人生的主人。

我能掌握自己，做自己的主宰。

我就是我，世界上不會有第二個我。

鍛鍊自我的心

一旦下定決心，就要放手去做；放手去做時，就要下定決心永不放棄。

——班哲明・富蘭克林

決心，只要存有這個意念，任何人都能控制自己的心。

要控制自己的心，在精神上和身體上都必須具有能量。千萬不要忘了：大自然爲了讓我們安然度過人生旅途中的重重危機，已經在我們身上儲備了這些能量。

沒有人會窮得連人生所需要的東西都無法負擔。即使是微不足道的費用，大自然也會在必要的時候準備好，爲你儲存起來，而且對任何人都提供「分期付款」的付款方式。

不論是誰，都無法立刻養成好習慣或改掉壞習慣，這是性格發展的問題，也是成長的問題。可是只要能改變觀念，就有可能在瞬時之間養成好習慣或改掉壞習慣。

如果一個人下定決定，眞誠地希望在有生之年把自己的潛能發揮到最大，這種自我成長的想法就會成爲他奮發向上的動力。

控制自我的心，每天一點一滴地鍛鍊，就可以像肌肉一樣日益發達。精神上的鍛鍊要持之以恆，方法也可以很簡單，譬如早上一醒來就立刻下床，步行一、兩公里而不搭車，或是找討厭的人聊天等等。

每天持續這樣的精神鍛鍊，一定會對我們的性格產生驚人的影響。

要當國王，不要當奴隸

想要領導人，就必須先了解人。

——林肯

能夠在小事上克制自己，才能在大事上控制自己的心。

要發現自己性格上的弱點，就必須找出妨礙自己成就大業的因素，深入地審查自己。

那麼要從哪裡開始審查呢？自私、虛榮、膽怯、憂鬱、急躁、怠惰、憂慮、精神渙散、沒有目標……你的弱點是以什麼樣的方式呈現，都必須靠你自己去發覺。

我們必須把生活中的每一天當成生命的濃縮。

不必對過去懷著無謂的懊悔，也不必對未來抱著無謂的憂慮，只要珍惜每一天，把每個今天都當成是生命中的最後一天，這麼一來，每一天都是我們得以發揮

全力的最後一天，也是我們要克服困境的最後一天。

在這一天當中，只要發現自己有一絲一毫的弱點，就要立刻加以克服。因爲在這場戰鬥中，獲勝的如果不是我們，就是我們的弱點。

你是國王？還是奴隸？

答案由你來決定。

檢討別人不如反躬自省

「看」事情的角度，對我們的想法和行為有很大的影響，因此「看清楚」是很重要的。

——羅必卡・美林

經常有人說「我喜歡研究人」、「我善於觀察人的性格」。可是這些人幾乎都不明白，他們觀察到的並不是別人的個性，而是特徵。

個性並不是在一夜之間就能看得清楚。人的個性是習慣、希望、動機、理想、弱點、記憶等繁多成分的奇妙組合，而且所有一切都會在無數種情況下顯現出來。

想要完全了解一個人的個性，必須具備一種資質。只要具有這種資質，就能夠論斷一個人，而不至於出錯。這種資質就是全知全能。

大多數人在觀察他人的個性時，彷彿校對者在閱讀偉大的詩篇。他們聽不見詩篇發出的鏗鏘韻律，也看不見作者豐富的才華。校對者只是一心一意地尋找錯字和漏字，並爲自己能夠找到不完美感到驕傲。

許多人看到他人的弱點，就自以爲了解對方的個性，可是弱點只是個性的一小部分。我們只能從這裡看出此人會低劣到什麼程度，卻無法知道他可以偉大到什麼程度。

沒有一個人永遠能夠對其他人做出正確的評斷，因爲人不是全知全能，而用凹凸鏡去觀看別人時，一定會看到扭曲和不實。

當不幸降臨到某人身上時，大家都會說「那是報應」。但是我們怎麼會知道呢？難道我們能把耳朵貼在天國的門上聆聽？

而一旦悲慘和失敗降臨在自己身上時，大家就會反過來認爲是老天爺搞錯了，那些不幸應該要送到別人家才對。

我們老是在注意別人家的院子，卻懶得拔除自己院子裡的雜草。

Part.III

信念3

遠離是非八卦

別讓他人的惡意中傷阻礙你求夢想的決心。

若世界是個舞台，讓我們來淨化我們的行為。

——克林頓·希爾

人的一張嘴

不要去評斷無關緊要的事情。

——安・馬克卡佛利

有人說：子彈上膛的槍，是世界上第二種最具破壞力的工具。那麼破壞力最強的工具是什麼呢？

答案是人的一張嘴。槍只能殺害動物的形體，人的舌頭卻會損毀一個人的名譽，使對方的人格變得一文不值。槍是單獨產生作用，人的舌頭卻可能有千百個共犯。槍的傷害在瞬時之間發生後，就會立刻消失，人的舌頭導致的禍害卻可能經年不消，有時候即使是死亡也無法使它畫下句點。

冷漠、憤怒、羨慕、反感、中傷、苛責、八卦、謊言……舌頭的禍害就是從這裡衍生的。竊盜和殺人雖然是重罪，但是在世界上造成的痛苦與悲傷，與人的嘴巴散播的流言相比，卻是微不足道的。

如果拿起正義的天秤，一邊擺上罪犯的惡行，另一邊擺上名譽損毀所帶給人的悲傷、淚水和痛苦，結果絕對會令許多人大吃一驚，因爲我們會看到原本沉重不堪的前者在天秤的另一邊升起。

扒手或兇手侵害到的終究是少數人，但無論是誰，都無法擺脫朋友不經意的閒扯和八卦，或是出於羨慕心理的殘酷中傷。

嫉妒心很重的平凡人，爲了逼使比自己傑出的人走上絕路，經常會做出陰險的攻擊、中傷、指責、侮辱等行爲，就像蛀蝕堅硬橡樹的寄生蟲。

他們的手法既懦弱又卑鄙，但是從個別的行爲看來，卻又好像沒什麼大不了，所以一般人通常不會去提防，造成的傷害也就很容易受到漠視。

不要說謊

說得好，不如做得好。言教不如身教。

——班哲明・富蘭克林

人不可以說謊，即使談話的對象是小孩，也不能掉以輕心。

許多父母懂得教導小孩什麼事情不能做，卻經常在小孩面前做出那些事。

他們總是愚昧地期待小孩會去相信他耳朵聽到的話，而不是眼睛看到的行爲。

我們告誡小孩「做人要光明正大，不可以說謊」，卻在戲院售票口爲了買半票而虛報小孩的年齡。如此不僅會使多年來的教導付諸流水，還可能因此付出慘痛的代價。

將說謊當成便宜之計或許是社會風氣使然，可是當著還不能分辨是非善惡的小孩面前，做出這種極端的示範，絕對是不智的。

切勿中傷他人

唯有穿鞋者知道什麼地方太緊。

——美國諺語

曾經有人在倫敦成立「反對說壞話聯盟」，會員的誓言中有這麼一段話：「雖然禍害多大是無法評估的，但是說壞話的風氣正在市井小巷中蔓延。我們一定要竭盡所能去消滅這種風氣。」

到處說人壞話的人，自然會受到許多罰責的制裁；他們的眼睛昏花不明，也喪失關愛他人的心。

說人壞話是一種巧妙的穿鑿附會，是用最卑劣的動機去解釋他人的行爲舉止。

這種人好比貪好腐敗物的蒼蠅。說壞話的舌頭爲了獵尋一片腐肉，而在花田上穿梭，爲了搜尋腐敗物而鍛鍊出精良的嗅覺。

崇高的心因流言惡語遭到中傷而陷於沉默，發不出抗議的吶喊；溫柔纖細的個性也因流言惡語而扭曲得四分五裂；老友紛紛離去，留下孤零零的自己；殘酷的誤解扼殺了人的希望，人生因此蒙上烏雲。

最糟糕的是，受害者向來生活樸實，以誠信待人，而且篤信公義，勇敢地爲生活奮戰，絲毫不曾想到，竟然會被卑劣小人無中生有的邪言惡語所中傷。

簡短的話語、單純的眼神或不經意的動作，就足以讓一個人受到傷害，導致友情由濃轉淡，笑聲變得殘酷無情。

爲什麼會這樣呢？這是最令善良的人感到惋惜的事。

小心煽情主義的禿鷹

沒有道德，經濟是罪惡；沒有經濟，道德是空話。

——無名氏

由於現代媒體的推波助瀾，拚命挖掘他人隱私、說人長短的風氣日益高漲。所有的流言蜚語一經電視媒體的播送、報章雜誌的刊載，就變得不只是一張嘴，而是數千萬張嘴在向眾人傳播消息。

煽情主義的禿鷹從大老遠就能聞到腐臭味，而且勤於收集地上人類的敗德、不義和愚行，鉅細靡遺地揭露給世人知道。

他們甚至不需要查證事實，了解眞相。稀鬆平常的小事經過豐富想像力的渲染，就連世界上最冷酷的事件都會在相較之下變得平淡無奇。媒體的話題和因之產生的討論，會引出人們低劣而愚蠢的作爲，扭曲人的本性。

假設有富人捐款給慈善事業機構，眾人就會揣測：「他是爲了擴大事業，才用這種方式宣傳。」如果那名富人以匿名捐款，更會讓人懷疑他的動機：「那只是狡猾的大富豪在隱瞞名字，藉以勾起別人的好奇心。」如果那富人一毛錢都不捐，人們又會斷定說：「有錢人都很小氣。」

對於說話刻薄，以詆毀他人爲樂的人來說，美德不過是一副面具，高貴的思想也只是表面，善行更是與賄賂無異。

如果你的地位在他人之上，就必須要有心理準備，因爲其他人可能會因此產生自卑感，而把你當成嫉妒的目標。

這就是你飛黃騰達所要付出的代價。

羨慕的火炬

給他人一點喜樂。只是友善的微笑或安慰，也許就能讓人遠離極端。

——卡蜜拉．愛略特

西洋文學史上有一個最討人厭的人物，那就是莎士比亞劇作《奧塞羅》中的伊阿古。

伊阿古的個性奸詐卑劣，滿腦子只想著要護衛自己的尊嚴和名譽。他不僅嫉妒較早升官的凱西奧，也憎恨提拔凱西奧的奧塞羅，他的復仇慾望因此越來越強，不信任與猜忌心逐漸加重，變得越發陰險狡詐。

爲了達成邪惡的目的，伊阿古設下天羅地網，試圖謀害奧塞羅的妻子苔絲狄蒙娜。由於苔絲狄蒙娜生性純眞無邪，最後終於淪爲伊阿古毒辣手段的犧牲品。

世上有眾多爲非做歹的人，他們的心中都有一個伊阿古，只是沒有像伊阿古那麼狡猾。這些人經常會說出源於羨慕的中傷謊言，因此比他們優秀的人往往在一日之間聲譽盡毀。

我們也常常爲了替自己輕率的判斷找理由，未經思考就接受「無風不起浪」這種現代伊阿古的想法，以至於點燃羨慕的火炬，而在最後破壞了無辜者的生活。

Part. IV

信念4

「愛」是國際語言
讓自己從內在開始成長。

肉眼只見到表面；唯有用心，才能將一切看清。

——安東尼·聖修伯里

以愛爲行事的動力

盡義務雖然是正當的行爲，卻是乾枯如木乃伊的正義。

爲了盡義務而拚命努力的人生，就像只是爲了還債而辛苦工作一樣。相對的，以投注愛爲目的的人生，就會像利息源源不斷一樣豐富。

如果說義務是用幫浦抽出來的水，愛就像山上的湧泉。義務是事先訂好的形式，只在一定的道德軌道上行走，起初倒也無可厚非，但長久並不足以成事。

有個少年爲了達成份內的工作，沒有從起火的船上逃走，就這樣犧牲了生命。雖然他被世人譽爲「忠實盡義務的典範」，但是他只是奉命行事，實際上是個老實盡義務的受害者。對他的父親、船隻和國家，以及他自己來說，這稱得上是好的結果嗎？

人的一生蘊含著無限的可能性，是非常尊貴的，絕不能輕易捨棄。

當然，人在必要時必須盡忠職守，但忘了義務的本質，而只是稱頌枝微末節，也是有待商榷。

爲義務行事時，我們總是會覺得勉強。但是爲愛行事時，卻一點也不會覺得困難。愛是無法用義務取代的。

如果愛是一個人的心，義務就只是外殼。愛能把所有的義務變成權利，把所有的責任化爲喜悅。

最有愛心的行爲不是名人的鉅款捐輸，而是無名窮人的微薄捐款。這筆捐款的背後沒有義務的痕跡，只有充滿愛的心意。

要超越內心的軟弱，與世界締結眞正的關係，唯一的方式就是「愛」，絕對不會是「義務」。

如果你希望對世界有什麼貢獻，請從施予愛開始。**即使人生坎坷困頓，只要相信人與人之間原本的美好牽繫，就會覺得四海都是兄弟**。這麼一來，所有的嫉妒、惡意、中傷、殘酷的誤解，都會在愛的光輝中消失無蹤。

要有慈善精神

讚美注入人心之後，裡面的藥效可以安撫受傷的心靈，驅走寂寞和沮喪。

——傑利・端提爾

眞正的慈善事業並不是奠基於對眾生的施捨；以捐款表現的博愛也無法滿足人類所有的需求。送給窮人食物、衣物和金錢只是慈善事業的開端而已。

更崇高、純潔的慈善事業是爲他人塡平顚簸的人生道路，彌補人類的罪孽和愚昧所造成的坑洞，同時施恩給心貧的人，鼓勵受苦的人，溫柔地安撫人的軟弱。而最爲崇高的慈善則是遵從神**「不可論斷別人」**的指令。

眞正的慈善象徵是正義之手將制裁的天秤高高舉起的姿態。這座天秤保持完美的平衡，在做出最後的審判之前，絕不會偏向哪一方，因爲兩造都各有理由。

如果我們能秉持這個觀念，意識到自己的弱點，就不會認爲自己具有對他人做出最後審判的神聖特權。與其隨意論斷別人，不如鍛鍊自己的心智和頭腦，觀察他人在天秤上的個性與受人批評時的移動方式，藉以磨練感性、純潔和敏銳度。

切莫妄下定論

凡事不三思，恐怕忙中有錯，怒氣能一忍，方能過後無憂。

——無名氏

如同一個瓶子被扔到海裡，任憑風吹雨打，順著海潮漂流，最後在距離原地數千公里的地方被人拾起一樣，我們針對他人做出的任何輕率批評，通常會在最後傷及無辜，使當事者蒙羞。

我們的殘酷嘲笑或不經意的舉動都有可能挫傷他人的名聲，就像把手伸出來稍微揮一下，就會破壞蜘蛛網的纖細結構一樣。最後不論你多麼努力，都無法使眞相還原。

現在是個眾人動不動就要論斷他人的時代，而且在媒體的渲染下蔚爲風氣。世人對於聳動的新聞報導幾乎是照單全收，看到殺人犯就習慣性地任意評斷。經常有人堅持自己的判斷是正確無誤的，彷彿他是全知全能的神。

通常下判斷的那一刻是我們最應該避免武斷的時候，我們必須有勇氣在這時表明：「我不知道，我需要更多的正確資訊，所以在這之前我無法下判斷。」**不妄下斷語的行爲是仁慈的最高表現**。

每個人都同意，任何嫌犯都有受到公平審判的權利。既然如此，如果只是依照某方面的證據就指責周遭的朋友，做出當事者不在場的判決，不是很值得商榷嗎？這只是憑著自己貧乏的直覺，盲目地相信自己的主觀，而魯莽地破壞了友誼。

輕率的判斷通常是沒有根據的，只會導致朋友之間的疏離。如果我們對親密的人都有如此粗暴的態度，那麼對不親密的人不就更粗暴得近乎殘酷嗎？

尋找對方的優點

你無法使時鐘逆轉，但是可以重新爲時鐘上發條。

——邦妮・普魯登

我們對他人經歷過的試練和悲傷一無所知，也完全無法想像他們的笑容背後可能隱藏的苦難、焦慮或悲劇。

看到冷靜沉著、面帶微笑的人，我們或許會佩服他：「你看起來很快樂，生活過得自由自在，眞令人羨慕。」

可是，也許就在這個時候，這個人正陷於喘不過氣來的人間地獄，獨自承受著痛苦。如果眞是這樣，我們的錯誤判斷只會加深這個人的悲苦。

對於已經承受著痛苦的人，我們就不要再以論斷加深他們的苦楚，加重他們的負擔。我們要小心控制自己的內心，即使在私底下也不要任意評論他人的行爲。如果你不每日監控自己的心，如何能停止論斷他人呢？丟棄傲慢、偏執與小心眼，空氣自然會填滿那些東西留下來的眞空，並萌生崇高與純淨的情感。

爲了培養不論斷他人的慈悲心，我們必須在對方身上尋找優點而不是缺點，因爲所謂的慈善精神正猶如在毛毛蟲身上看到潛藏的美麗蝴蝶。

我們要將「凡事不要太武斷」的教誨銘記在心。

Part. V

信念5

擺脫憂慮

別把自己的悲傷和苦難掛在嘴邊，牽連他人。

只要停止腦子裡的悲傷思緒和想像，恐懼就會遠離。

不要把煩惱放大

要將大事化小，而不是將小事變大。

——昆第．克里斯

自述的談話通常是沒完沒了的獨白。說話的人會用顯微鏡研究自己的生活，就像生物學教授上課時滔滔不絕地講述水滴中的微生物，並為了讓內容更生動而加油添醋，並且樂在其中。而這些自述者對自己遭遇的不幸也習慣加以誇大，例如：

「我那天晚上根本都沒睡。」

「我整個晚上都在聽時針滴滴答答的聲音。」

失眠本身並不值得誇耀。只要是醒著的人，都可能有過失眠的經驗，這並不需要特別的才能。

如果你問這種人：「你的心情怎樣？」他可能會從幾年前罹患感冒的事談起，

口沫橫飛了一會兒，才會講到現在的情況。一句話就可以說完的事情，他要寫好幾行；一張紙就可以收進去的話，他要長篇大論，佔據好幾頁的篇幅。

總是有人喜歡以這種方式，向他人訴說自己的悲哀。

憂慮是會致命的疾病

如果壞事不來，害怕也是白搭。如果壞事來了，害怕也只是在增加痛苦。

——班哲明・富蘭克林

憂慮是一種致命的疾病，會讓人食慾減退、消化系統作用降低、睡眠失調、焦慮不安、精神衰弱、人格扭曲，進而失去健康，引發疾病。許多人的死因雖然是某種病名，實際上最大的兇手卻是憂慮。

如果你在晚上夢見當天在公司發生的事情，或是夢境有如萬花筒般呈現你一整天的活動，那就表示你心中有太多的紛擾，過勞往往是最大的原因。如果你的心智健全，造物者絕不會希望你在休息睡覺時，還夢見白天工作的情形。

如果你的小孩過於用功，在精神上無法獲得充分休息，他可能會在睡覺時經常翻身，而如果他的嘴裡還喃喃唸著學習的內容，就有可能是心事重重。這是他的身體發出的自然警訊，藉以告訴父母，他每天的功課已對他造成太大的負擔，課業壓力使他的神經繃得無法休息。

當哀傷、悲痛、恐懼悄悄入侵，不愉快的記憶或不安佔據我們的內心一隅，就會侵害健康。如果你二十四小時都感覺到心中的痛楚，表示你正處在憂慮的狀態。

這時候你應該馬上做一件事，就是**想辦法讓自己放鬆，從事能夠讓自己愉快的活動，並學習放下憂愁**。

停止浪費心力

享受當下，提防過失；不要害怕也不要寄望即將發生的事。

——班哲明・富蘭克林

有智慧的人都知道自然界有一個特點，就是「所有被造物都有其存在的價值」，就連蚊子也扮演著不可或缺的角色，唯獨憂慮，還沒有人知道它的價值何在。

憂慮只是在預想未來可能會出現的悲傷，而用現在的生命去品嚐那種滋味，並且爲它夜不成眠。

憂慮在表面上看來是在忍受現況，爲將來做準備，可是它會在心中繁殖，損耗人的力量。憂慮指的是心裡充滿著隱約、有所不滿的可怕思慮，而陷入焦躁不安的狀態，這是一種無謂的浪費，只會削減心力，使當事者無法做出最好的表現。

我們不可以把憂慮和不安混爲一談。兩者確實都會影響人的行爲，可是不安是以尊嚴、眞誠和冷靜的態度去面對人生的重要課題，心中還是懷抱著希望，而憂慮則是隱約感到某種瑣細的恐懼感。

我們在心愛的人死去時會沉默不語，懷著落寞的心，茫然凝望著未來。這並不是瑣細的憂慮，而是痲痺的感覺，使我們充滿悲憫的哀傷再重新出發。但如果放任瑣細的哀傷無限擴大，就會養成憂慮的習慣，連快樂的太陽也會被遮蔽。

我們必須解除憂慮的毛病，當自己的醫生，明白憂慮一點用處也沒有，同時勇敢地治療自己。我們必須了解，即使操心一輩子，也不會使人生有任何改變。

比憂慮重要的事

別隱藏你的天賦，他們是爲了供你使用而存在的：

「唉！陰影下的日晷儀是沒有用的。」

——班哲明・富蘭克林

我們在面對嚴重的局面，或想像即將發生的各種情況時，最不該有的態度就是憂慮。

我們在這時候很容易不自覺地感到憂心忡忡。爲了安全地熬過風暴，我們要穩穩地握著船舵，運用百分之百的能量做出明智的決定，而不要浪費寶貴的精力去憂慮，以免發生危險。

不論在什麼情況下，我們都不應該憂慮。原因有二：第一，既然知道無法避免自己所害怕的結果，**只有勇敢面對，才能減少衝擊**，同時保留展開新計畫所需要的力氣，集中百分之百的精神。

第二個原因是，既然避免不了所害怕的不幸後果，就沒有必要去憂慮，因爲**憂慮只是在浪費時間，消耗我們克服苦難所需要的能量而已**。

人只要每天做好該做的事情，就不需要憂慮。爲憂慮而痛苦，一點好處也沒有。

我們回顧過去，往往可以發現，最大的悲傷和失敗通常會在美好的轉折中，帶給我們最大的幸福。如果沒有過去的苦惱和損失，就沒有現在的喜悅。**苦惱和損失是鍛鍊人格**、**招引好運的另一股強大原動力**。只要了解這一點，我們就能夠承受人生的試練和悲傷，將失敗轉化爲發憤圖強的動力。

習慣性的憂慮是不容易根治的，可是我們對自己、家人和社會都有應盡的責任，沒有權利把能量浪費在憂慮這種無謂的事情上。

世界上最自私的人

別讓任何人取走你的快樂。

——伯達・普波

世界上最自私的人，是動不動就向他人訴苦的人。這種人會將自己的悲慘心情全盤托出，把痛苦傳染給對方。對這種人來說，眼前的世界是他傾倒苦惱、憂慮和考驗的場所。

對每個人來說，人生都是一個重大而嚴肅的課題，不管我們有多快樂，都只能獨自去感覺，而再怎麼痛苦，也只能獨自去承受。我們個性上的最大弱點，終究得靠自己去克服。

既然每個人都是單獨降生於世，也就必須單獨面對死亡。**每個人都必須學習解決自己的人生難題，學著承擔責任、失敗、疑惑和恐懼，忍耐一切活下去。**

隨便向他人傾訴自己的苦惱，只是在表現自己的怯懦而已。

我們應該盡量讓每個人的生活過得更愉快，而抱著承擔悲傷的勇氣，爲正在經歷考驗的人加油。

忘掉失敗，只留下失敗所帶來的新智慧，同時意識到其中包含的喜悅和恩賜，就能克服悲傷。

我們沒有權力把四周人捲進自己的悲傷和不幸之中。

避免情緒殃及無辜

記住，傷痛具有這種特性：
如果痛很久就不嚴重；如果很嚴重就不會痛很久。

——希尼卡

有些家庭主婦習慣將家中的爭吵當成閒聊的題材，把周圍的人都捲進自己的煩惱與悲傷之中。與其抱怨老公「今天要很晚才回家」，或是跟別人傾訴教養小孩的難處和問題，不如沉默是金來得明智。而有些上班族只要一覺得腸胃不舒服就要昭告他人，同樣會令人不快。

任何人都沒有權力藉著自己的不愉快製造受害者，因爲當你身體不適或心情低落時，就有可能讓同事連帶覺得不舒服。你應該在這個時候自行迴避，以免影響他人。

每個人都有自己的事情要忙，但不要忘了我們是活在與他人息息相關的世界裡，不能滿腦子只想到自己。

有時候人會陷入悲傷，尤其是在回顧過去的感情時，常常會以爲自己所經歷的考驗是絕無僅有的。這時候悲傷會帶給他們一種虛榮的驕傲。

揮別悲傷並不表示背離

撇開不愉快的過往，別讓回憶阻止你體會生活的美麗。

——美樂蒂・貝堤

心愛的人離開人世時，我們會覺得人生蒙上了一層陰影，頓時覺得失去存在的意義，連活下去的動力和希望都消失了，覺得再也沒有讓我們願意去努力與奮鬥的愛情了。這時人生只剩下純粹的回憶，生活中瀰漫著悲痛，變成沒有未來的過去。

但經過幾個星期循序漸進的神祕力量和時間的安撫，人通常會驀然察覺四周的世界，而逐漸不再對人生感到悲傷，精神也就恢復了。

只是隨著時光流逝，我們懷著對死者深厚的思念，慢慢從悲痛中平復心情時，常常會有抗拒與內疚的心理，覺得這樣子好像對死者不忠，是在拋棄與死者過往的感情。其實自然在呼喚著我們：

「心中的創傷逐漸痊癒、痛楚減輕時，並不表示你的心在背離。」

當然，有些人的情感濃厚到不可能痊癒，但這是極爲罕見的。

爲自己的人生負責

停止挑剔，讓自己清靜一下。

——珍妮・珍奈塞克

不論有多麼難以承受的煩惱，我們也沒有權力牽連他人。我們不能因爲心情鬱悶，就去破壞別人愉快的心情。

即使人生路途坎坷、運勢極差，或是愛情告吹，也不要讓別人看到你的頹喪。

不需要對陌生人提及自己的過去，分析人生的問題。

記住，**切莫把悲傷的杯子遞給他人**。

如果你希望倒空這個杯子，就學習蘇格拉底毅然決然喝下毒酒的氣概，一口喝乾自己悲傷的酒吧！

即使對人性感到懷疑，覺得宗教是膚淺的、靈魂是虛構的，而死亡不過是走入空無的入口；即使是從世上所有悲觀主義者身上吸收到有害的哲學，並且愚蠢地相信其中大部分的內容，也不可以四處宣傳，以免危害他人。

即使這世上有一個人能讓你放心傾訴，也不必讓世界知道你所有的思緒、希望與悲傷。除非你已經能夠超越你的悲傷和考驗，否則最好將其一直埋在心裡，才不至於破壞別人的情緒。

Part. VI

信念6

超越失敗
每天都是新人生的開始。

是問題喚起了我們的勇氣與智慧。
——史考特·派克

無悔的人生是沒有收穫的人生

謙虛是一種美德，過度畏縮卻是缺點。

——班哲明．富蘭克林

多年前，有一艘船在強烈的暴風雨中偏離了航道，只能隨著風浪漂流，最後來到一個陌生的海灣。當時船上的存水已經見底了，船員們都非常口渴，而海水卻是喝不得的。

在萬不得已的情況下，他們從船邊放下水桶去汲水，卻驚訝地發現，那居然是淡水。原來他們已經來到了淡水區域，整船人自然是高興得不得了。

一**心祈求的生活泉源就在眼前，只等著你去發掘**。

人都會因爲過去的悲傷、罪過和失敗悶悶不樂，感嘆要是能以現在的知識和經驗爲依據重新開始，一定可以過著更美好的生活。

有時候人在回首滿懷希望的黃金歲月時，會感到後悔，爲自己沒有抓住機會覺得難過。可是如果你能夠換個角度想一想，就會發現自己的一生其實還有很長一段路要走，不應該沉浸在懊悔之中，而是應該打開心胸，對未來懷抱希望。

對我們和這個世界而言，每一個日出都代表著新生，**每個早晨都是新人生的開始，也是善用人生，創造美好結果的新機會**。

回顧過往時，說得出「什麼都不後悔」的人，其實是浪費了這一輩子。沒有後悔的人生就如同沒有收穫的人生。

因爲後悔是過去照耀未來的智慧明燈，表示我們今天比昨天睿智，也比昨天進步。新的智慧意味著新的責任、新的特權，也表示將有更好的人生機會。

但如果後悔一直保持「後悔」的原貌，就沒有什麼助益了。**後悔必須轉變成實現新理想的勇氣與力量的泉源才行**。

人再怎麼萬能，也無法改變過去。但無論是誰，都掌握著未來的鑰匙，只是有些人不知道而已。

把失敗當成教訓

要是人類沒有必須跨越的障礙，一定會失去獲得報償的喜悅。

——海倫·凱勒

一個人如果眞心想要重新展開人生，就應該學會把失敗當成教訓。既然發現自己白白浪費了機會，就不應該再花時間去做無謂的懊悔，而應該去學習如何有效地利用現在，將損失減到最低。

如果我們對他人做出殘酷的事，卻無法直接補償被害人，就應該將懊悔轉成的恩惠布施給整個社會。我們必須將後悔與悲傷的心情轉化成溫柔的語言與仁愛的作爲，帶給四周所有的人。

要是我們不小心犯了錯，表現悔悟的方法就是不再犯下同樣的錯。

緬懷過去不如寄望未來

人活在世界上的目的不是爲了看透每一件事，而是爲了經歷每一件事。

——彼得·瑞斯

許多人常常會爲自己過去的豐功偉業洋洋自得，希望那些日子可以重新來過。這些人的嘴上總是掛著「想當年我也有過美好的時代」這樣的話，但這種行爲與路上的乞丐有何兩樣？

重點不在於以前的日子有多輝煌，而是在於以後要如何發展。人要是用過去來裝飾現在，就如同藉著祖先的榮耀來遮掩自己的平庸。與其懷念祖先如何偉大，不如努力多爲子孫著想。**緬懷過去的偉業，不如思考如何在未來有所成就**。

只是在盼望人生還有機會重新開始，而不知道把握現在、努力創造未來的人，顯然是無知的。

成功是單純的持續法則，是在高度的精神力與孜孜不倦的體力和專注力，以及從不懈怠的努力下產生的結果。

我們通常都知道這一點，卻不重視，而習慣把成功歸諸於命運。

每天都是新的開始

生活的祕訣不是做你喜歡的事，而是喜歡你做的事。

——無名氏

有人說，想要重新展開全新的人生，就要先獲得知識和經驗。如果你眞的希望人生有機會重新開始，就不要一直追究過往的錯誤、罪過、悲傷、淒慘和蠢事，這麼一來，你的每一天都會是新的開始。

要學會運用從過去的失敗中得到的教訓與知識，並汲收最新的智慧，以之爲基礎走向日後成功的人生。

我們要少批評他人，多檢討自己。

在勇敢開拓新的人生時，要記得保持誠摯的心。

對我們而言，**每天最重要的事就是珍惜當下**，亦即每天清晨都要抱著嶄新而明確的理想展開新的一天，並且把每一個小時當成是這一生僅存的時間，竭盡全力地生活。

輕視未來是沒有意義的。每一天的設定都要融入未來，就像船長會先決定要前往的港口，每天都朝著設定的方向前進一般。只要以這樣的目標生活，就不需要為過去後悔，也不必對未來感到憂慮。

只要是有價值的生活方式，人生就有價值。

人常常會在新的一年開始時訂立目標，決心做到某些事，可是在人生的路途上，每一天都是新的開始。就像沙漠沒有特別的沙子來區隔，我們也不必用日曆上的日期來區隔時間。

我們不需要不到一星期就拋在腦後、那種缺乏自知之明的新目標，而是要下決心，讓每一天對自己、周遭的人和這個社會而言都是美好的開始。

失敗是人生的最佳經驗

唯有從不嘗試的人才不會失敗。

——艾爾加・郤斯

哥倫布未能發現印度。他曾推測，只要一路航向西方，自然會抵達印度，最後卻沒有成功。

美洲的原住民被稱為「印第安人」，就是哥倫布傳給後世的失敗證明。他帶回去獻給祖國西班牙國王和王后的成功獻禮其實是失敗的遺物，可是發現美洲之舉卻成了他留名青史的偉業。

英國的大衛・李文斯頓在修讀神學和醫學之後，決定當傳教士到中國傳教，於是好學不倦地唸了三年書。

但是就在他懷著無私的精神，準備為使命奉獻一生，也懷滿信心地整裝待發時，卻接到來自中國的通知：「時值鴉片戰爭，不准進入中國。」

然而，他立刻就從失望與頹喪中振作起來，決定改到非洲傳教，並取得英國政府的許可。

對他而言，中國之行雖然失敗了，卻為他開啓了另一扇通往非洲新大陸的門戶。他勉力修得的學問讓他在非洲大地上成為傑出的傳教士、醫師、探險家和教師。

華特．史考特是因為事業失敗，才開始執筆寫作。他以祖國蘇格蘭為背景，寫出精采的歷史小說，激勵了數百萬民眾的心。

他的諸多作品是以表面上的失敗經驗為基礎打造的光榮紀念碑。

失敗是飛向更高境界的轉捩點。更高境界指的並不是經濟上的成功或名聲，而是**此後人生在精神層次上的富足**。

所謂的人生指的並不是已在我們身上發生的事情，而是日後可能獲得的事物。

Part. VII

信念 7

全力以赴

別說做不到，潛力會賦予你新的力量。

從失敗看到成功

過失未必會變成錯誤，除非你拒絕改過。

——艾利斯・莊

我們需要很大的勇氣才能面對徒勞無功的結果，而且毫不留戀地割捨，朝下一個目標去努力。

可是乍看之下毫無希望的情況，往往有可能是巨大成功的序幕。其中或許潛藏著朝新方向發展的線索。

多年前，有個名叫喬金茲的人想出一個獨特而新穎的方法，把圓木從加拿大運到紐約。他建議把幾根巨大的圓木用鋼索和鐵條綁起來，做成木筏運送。

可是就在貨船航行到紐約附近，大家都以為這個方法即將奏效時，卻突然刮起了狂風暴雨。鐵條斷裂，圓木在洶湧的波滔中流竄到四面八方，結果全世界有數百名船長在大西洋、地中海、南大西洋和各地的海域中看見這批圓木。

聽到這裡，也許你會認爲這是一次失敗的經驗，可是請看下去吧！此後經過了數個月，有人將各地觀察到的現象匯集起來，寫成一份報告書，揭開唯有藉著這件事才能夠得知的海流現象。

木筏的損失並非失敗，因爲它促成了近代海洋地理學和航海上的偉大發現。

說到中世紀的煉金術士，我們通常會鄙視他們的愚昧無知。可是他們將非金屬變成黃金的嘗試雖然失敗了，卻促成了化學的誕生。

煉金術士沒有達到原先的目的，卻建立了昇華、過濾、蒸餾、結晶等實驗的步驟，也發明了淨化器、殺菌鍋、加熱器等寶貴的器材。

除此之外，像銻、硫化硫、硫化磷的發現，以及金和銀的灰吹化驗、爐子的研發、火藥要用到的硝石精製等等，也都是煉金術士的功勞。

這證明了「失敗潛藏著成功」的道理，這不是很安慰人心嗎？

許多失敗的經驗會引導我們走向做夢也想不到的巨大成功。人生其實是從失敗邁向成功的一連串過程。

全力以赴

鳥不承受風阻就無法順利飛行，帆船的風帆若沒有垂下來，就無法前進。

——威廉．喬丹

不論是貧富還是成敗，都沒有很大的意義。人必須大膽而誠實地回答一個問題：

財產或貧窮對我有什麼影響？

如果能經由考驗，變成更誠實而高貴的人，那麼貧窮不就是財富、失敗不就是成功嗎？

如果得到財產以後就變得傲慢自大、虛榮無情，或是失去同情心，那不就是貧窮、不就是失敗嗎？

失敗是神給予人的教育。失敗會提升一個人，帶領他走向之前看不見的道路，因此世界上的偉人和成功者都能愉快地回顧自己經歷過的失敗。

有許多人會感謝曾與自己擦肩而過的微小失敗，因爲失敗是掌握眞正成功的引爆器。

回顧過去，想起**「那次的失敗是我這一生中最好的經驗」**時，我們就能勇敢地面對新的失敗，確定新的障礙會再次成爲成功的墊腳石。

植物在黎明前最黑暗的時刻生長得最快，同樣的，人最大的成長是在失敗時往成功邁進的時候。我們只需要害怕不正當的生活所造成的失敗。

只要能誠實地完成正當的工作，其實就沒有失敗可言。即使在自以爲徒勞無功時，也可以吸收到藉以獲取成功的教訓。不要去管認不清事實的短視者說什麼，只要抱持著最高的目標，全力以赴，就是一名成功者。

懷著崇高的理想努力時，表面上的失敗是不足爲奇的，不需要因此灰心喪志，因爲那反而是激勵你奮發圖強的泉源。有時候艱險的道路反而是安全的。

鳥不承受風阻就無法順利飛行，帆船的風帆若沒有垂下來，就無法前進。這是我們必須銘記在心的一點。

鍥而不捨的兔子

凡事不要半途而廢，否則你會發現，你丟掉的東西，會比你撿起來的多。

——路易．阿姆斯壯

所有人都是值得讚嘆的存在，並且蘊藏著未知的可能性。如同冰山有九成隱藏在水面下，人的善與惡也有九成是隱而不顯的。

希望給別人好印象純粹是虛榮心作祟。我們在別人眼中的模樣不見得與實際相符，但是我們必須去了解原來的自己。

留意隱藏在你人生中的「備用能力」。人不是只能演奏固定曲目的自動鋼琴，而是能創造未知音樂、蘊含無限可能性的豎琴。

自然界的潛力會在無數可能的情況下發揮出來。

在陰暗巢穴中棲息的動物視覺會逐漸退化，嗅覺、觸覺和聽覺則日益敏銳。有些動物會爲了免於受天敵的狙擊，身體的顏色會與四周的環境融合。

北極圈的動物會在冬天時全身變白；在沙漠中棲息的動物也會與周圍的沙子和岩石同色；熱帶雨林中的鸚鵡和蜥蜴、昆蟲等多半是綠色的。動物身上的顏色會隨著世世代代的繁衍而產生變化。

半世紀前，有雌雄各三隻的兔子被野放到澳洲大陸。牠們的子孫逐漸增加到數百萬隻，最後被國家認定爲有害動物，必須花一大筆費用去搶救一場生態浩劫。譬如爲了維護農地，必須在周圍設置高幾公尺、長數百公里的鐵絲圍籬。可是，兔子比人還聰明。

不出幾年，兔子就長出了能夠攀爬鐵絲圍籬、挖掘地道的指甲，方便牠們潛進農地覓食。

對於身處逆境仍鍥而不捨的兔子，大自然透過潛力給予牠們存活的機會。潛力經常會配合動物的新需求賦予不同的能力，讓動物去適應新的生活環境。

跨越失敗，大膽去挑戰

船在港灣很安全，但是那不是造船的目的。

——葛瑞斯．霍沛

縱使在工作中遇到多次的失敗，人仍然能夠在完全不知道自己具有潛能的領域裡大獲成功。

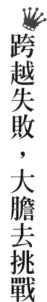

我們不要安於現狀，一味想著：「反正我是廢物，想要成大器是不可能的。」我們要傾聽這樣的聲音：

「**有一種魔法可以將沒有價值的垃圾變成昂貴的黃金，這個魔法就是經常盡全力地大膽挑戰**。你最後會有多大的成就是無法預料的，但發生緊急情況時，潛力一定能夠幫助你。」

即使覺得自己的力量微不足道，或是進展停滯不前，也絕對不要灰心。世界上的偉人在成功之前，都經歷了多次的失敗。

斯堪地那維亞半島的人相信一則神話：「殺死敵人可以使其力量進入自己的體內。」

這句話也可以用在人的性格上。

克服了衝動、消極的思考和情緒之後，不論勝利有多麼微小，產生的力道都會儲存起來，成爲你的潛力，在必要時發揮作用。

倘若有人能夠預知日後將會出現的考驗、失敗、苦惱、損失、疾病、孤獨等，你問他：「你承受得了嗎？」

他一定會回答：「怎麼可能！遇到那麼多事情，哪有可能活得下去？」

可是事實上這個人還是能堅強地忍受一切，走完一生。

未來的希望破滅、被信賴的朋友背叛、寶貝的小孩名譽受損、遭世人的冷眼對待，或是死神奪走了最心愛的人……即使遇到了這些事情，潛力仍然能夠幫助你克服危機，勇敢地活下去。

你如果能意識到自己的弱點，有心去克服它，就能透過這個弱點，採取必要的行動，讓自己變得更堅強。

潛力是上天賜予的糧食，我們每天都得到一點點，每天都增添了新的力量，如同比薩斜塔的螺旋狀階梯，由於太過陡峭，一次只能看到一階。可是，每爬上一個臺階，就會看到下一個臺階。你要像這樣持續下去，直到登上頂端爲止。

宇宙有一個根本的神聖法則：**不論從事什麼職業，有什麼需求，我們身上都蘊藏著無限的力量和可能性**。

只要充分發揮所能，以潛力爲名的天使就會陪在你的身邊，不論你遇到什麼樣的困難，都會爲你開疆闢土，讓你安然度過。

國家圖書館出版品預行編目資料

驚人的成功信念／威廉 ‧ 喬登（William George Jordan）著；李毓昭譯 .──初版 .──臺中市：晨星，2009.03

面；　公分 .──（一分鐘成功；03）

譯自：The kingship of self-control

ISBN 978-986-177-251-6（平裝）

1. 自覺 2. 生活指導 3. 成功法

192.4　　97024968

一分鐘成功 03

驚人的成功信念

The Kingship of Self-Control

作者　威廉 ‧ 喬登
編輯　楊曉瑩
美術編輯　謝靜宜
校對　王淑華、蔡以眞

發行人　陳銘民
發行所　晨星出版有限公司
台中市工業區 30 路 1 號
TEL：04-23595820　Fax：04-23597123
E-mail: morning@morningstar.com.tw
http://www.morningstar.com.tw
行政院新聞局局版台業字第 2500 號
法律顧問　甘龍強律師
承製　知己圖書股份有限公司　TEL：(04)23581803
初版　西元 2009 年 03 月 31 日

總經銷　知己圖書股份有限公司
郵政劃撥：15060393
（台北公司）台北市 106 羅斯福路二段 95 號 4F 之 3
TEL：(02)23672044　FAX：(02)23635741
（台中公司）台中市 407 工業區 30 路 1 號
TEL：(04)23595819　FAX：(04)23597123

定價 150 元
（缺頁或破損的書，請寄回更換）
ISBN 978-986-177-251-6
Published by Morningstar Publishing Inc.
Printed in Taiwan

成功祕訣 ▸ 致富寶典・心靈富足

《變成有錢人法則》

華勒斯．瓦特斯◎著

啟發《祕密》一書的百年勵志大作
想成為有錢人，絕對有法可循！

拿破崙希爾、羅伯特舒勒、柯林頓……這些人都是因為此書的啟發，確實執行而成為富翁。

定價 180 元

《Get Lucky！讓幸運來敲門》

薩瑞莎．張◎著

★台灣黑秀網創辦人 唐聖瀚　專序推薦
★視障勵志作家 鍾宛貞　真誠推薦

創造好運是一種技能，是可以掌控的一種態度。
擁有它，你將幸運到底！

定價 250 元

《穿高跟鞋爬公司樓梯》

凱瑟琳．亞克姆柏◎著

★富比士網站讀書俱樂部推薦讀物
★美國政黨領袖、名作家、舊金山大學教務長誠心推薦

想和慾望城市的主角們一樣，擁有自信與快樂嗎？運用12種角色和才幹，就能獲得成功的事業和美滿的生活。

定價 250 元

◆讀者回函卡◆

以下資料或許太過繁瑣，但卻是我們瞭解您的唯一途徑
誠摯期待能與您在下一本書中相逢，讓我們一起從閱讀中尋找樂趣吧！

姓名：＿＿＿＿＿＿＿＿ 性別：□男 □女 生日： / /

教育程度：＿＿＿＿＿＿

職業：□學生 □教師 □內勤職員 □家庭主婦
□SOHO族 □企業主管 □服務業 □製造業
□醫藥護理 □軍警 □資訊業 □銷售業務
□其他＿＿＿＿＿＿＿

E-mail：＿＿＿＿＿＿＿＿＿＿ 聯絡電話：＿＿＿＿＿＿＿

聯絡地址：□□□＿＿＿＿＿＿＿＿＿＿＿＿＿＿＿＿

購買書名：驚人的成功信念

・本書中最吸引您的是哪一篇文章或哪一段話呢？＿＿＿＿＿＿＿＿

・誘使您購買此書的原因？

□於＿＿＿書店尋找新知時 □看＿＿＿報時瞄到 □受海報或文案吸引
□翻閱＿＿＿雜誌時 □親朋好友拍胸脯保證 □＿＿＿電台DJ熱情推薦
□其他編輯萬萬想不到的過程：＿＿＿＿＿＿＿＿＿＿

・對於本書的評分？（請填代號：1. 很滿意 2. OK啦！ 3. 尚可 4. 需改進）

封面設計＿＿＿＿ 版面編排＿＿＿＿ 內容＿＿＿＿ 文／譯筆＿＿＿＿

・美好的事物、聲音或影像都很吸引人，但究竟是怎樣的書最能吸引您呢？

□價格殺紅眼的書 □內容符合需求 □贈品大碗又滿意 □我誓死效忠此作者
□晨星出版，必屬佳作！ □千里相逢，即是有緣 □其他原因，請務必告訴我們！

＿＿＿＿＿＿＿＿＿＿＿＿＿＿＿＿＿＿＿＿＿＿＿＿

・您與眾不同的閱讀品味，也請務必與我們分享：

□哲學 □心理學 □宗教 □自然生態 □流行趨勢 □醫療保健
□財經企管 □史地 □傳記 □文學 □散文 □原住民
□小說 □親子叢書 □休閒旅遊 □其他＿＿＿＿＿＿＿＿

以上問題想必耗去您不少心力，爲免這份心血白費
請務必將此回函郵寄回本社，或傳眞至（04）2359-7123，感謝！
若行有餘力，也請不吝賜教，好讓我們可以出版更多更好的書！

・其他意見：

晨星出版有限公司 編輯群，感謝您！

請填妥後對折裝訂，直接投郵即可，免貼郵票。

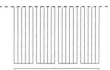

廣告回函
台灣中區郵政管理局
登記證第 267 號
免貼郵票

407
台中市工業區 30 路 1 號
晨星出版有限公司

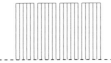

請沿虛線摺下裝訂，謝謝！

更方便的購書方式：

(1) 網站：http://www.morningstar.com.tw
(2) 郵政劃撥帳號：15060393
戶名：知己圖書股份有限公司
請於通信欄中註明欲購買之書名及數量
(3) 電話訂購：如爲大量團購可直接撥客服專線洽詢

◎ 如需詳細書目可上網查詢或來電索取。
◎ 客服專線：04-23595819#230 傳眞：04-23597123
◎ 客戶信箱：service@morningstar.com.tw